Yesbek Rocío Morales Paredes

Bases culinarias

Yesbek Rocío Morales Paredes

# Bases culinarias

## Procesos y técnicas

Editorial Académica Española

**Impressum / Aviso legal**

Bibliografische Information der Deutschen Nationalbibliothek: Die Deutsche Nationalbibliothek verzeichnet diese Publikation in der Deutschen Nationalbibliografie; detaillierte bibliografische Daten sind im Internet über http://dnb.d-nb.de abrufbar.
Alle in diesem Buch genannten Marken und Produktnamen unterliegen warenzeichen-, marken- oder patentrechtlichem Schutz bzw. sind Warenzeichen oder eingetragene Warenzeichen der jeweiligen Inhaber. Die Wiedergabe von Marken, Produktnamen, Gebrauchsnamen, Handelsnamen, Warenbezeichnungen u.s.w. in diesem Werk berechtigt auch ohne besondere Kennzeichnung nicht zu der Annahme, dass solche Namen im Sinne der Warenzeichen- und Markenschutzgesetzgebung als frei zu betrachten wären und daher von jedermann benutzt werden dürften.

Información bibliográfica de la Deutsche Nationalbibliothek: La Deutsche Nationalbibliothek clasifica esta publicación en la Deutsche Nationalbibliografie; los datos bibliográficos detallados están disponibles en internet en http://dnb.d-nb.de.
Todos los nombres de marcas y nombres de productos mencionados en este libro están sujetos a la protección de marca comercial, marca registrada o patentes y son marcas comerciales o marcas comerciales registradas de sus respectivos propietarios. La reproducción en esta obra de nombres de marcas, nombres de productos, nombres comunes, nombres comerciales, descripciones de productos, etc., incluso sin una indicación particular, de ninguna manera debe interpretarse como que estos nombres pueden ser considerados sin limitaciones en materia de marcas y legislación de protección de marcas y, por lo tanto, ser utilizados por cualquier persona.

Coverbild / Imagen de portada: www.ingimage.com

Verlag / Editorial:
Editorial Académica Española
ist ein Imprint der / es una marca de
OmniScriptum GmbH & Co. KG
Heinrich-Böcking-Str. 6-8, 66121 Saarbrücken, Deutschland / Alemania
Email / Correo Electrónico: info@eae-publishing.com

Herstellung: siehe letzte Seite /
Publicado en: consulte la última página
**ISBN: 978-3-659-02892-2**

Copyright / Propiedad literaria © 2014 OmniScriptum GmbH & Co. KG
Alle Rechte vorbehalten. / Todos los derechos reservados. Saarbrücken 2014

# BASES CULINARIAS

## PROCESOS Y TÉCNICAS

Yesbek Rocío Morales Paredes

Yesbek Rocío Morales Paredes

Profesora Investigadora

yesbekrocio.morales@upaep.mx

**AUTORA**


Adriana del Carmen Bautista Hernández

**Introducciones**


Oscar Gutiérrez Muñoz

Denisse Sandy Interián

**Cálculos nutrimentales y fotografía**


Estudiantes de primer semestre de Gastronomía de la Universidad del Caribe, Cancún, Quintana Roo.

Generación 2012- 2016

**Preparación de recetas.**

# PRÓLOGO

La Real Academia Española define una base como "Cada una de las primeras proposiciones o verdades fundamentales por donde se empiezan a estudiar las ciencias o las artes". El objetivo de este manual es proporcionar a los estudiantes y docentes de programas de Licenciatura en Gastronomía una guía práctica de preparaciones fundamentales que por su naturaleza deben incluirse como parte de las bases culinarias impartidas a todos aquellos que inician su formación profesional en el ámbito culinario.

Durante la década de los noventa, el cocinar era aún catalogado como una serie de habilidades adquiridas por medio de la práctica constante confinadas solamente a la parte trasera de un restaurante o a los sótanos de los grandes hoteles; el oficio ha experimentado una revalorización y ahora la profesionalización en los estudios culinarios es algo cotidiano y cada vez más competido.

La gastronomía es apreciada como una disciplina de estudio en donde el desarrollo de las habilidades debe ser complementado con un conocimiento de bases y técnicas culinarias mismas que establecerán los fundamentos y serán complementadas con estética, teoría del color, química de los alimentos, cocinas temáticas y un amplio bagaje de conocimientos.

Bases Culinarias, Procesos y Técnicas, es un proyecto a cargo de la M.A.Yesbek Rocío Morales Paredes, quien en conjunto con estudiantes y docentes de la Universidad del Caribe en Cancún, Quinta Roo y en la última etapa de desarrollo del proyecto en la Universidad de Colima, investigaron, recopilaron y documentaron algunas de las técnicas y procedimientos que un profesional de la cocina debe conocer y elaborar habilidosamente.

Los tipos de cortes, la elaboración de fondos y consomés, la confección de los distintos tipos de salsas madres, derivadas y emulsionadas, diferentes tipos de sopas y potajes, parmentier, chutneys y algunas otras preparaciones que pudieran catalogarse como simples en cuanto al grado de complejidad pero que al ser correctamente ejecutadas resultan bases fundamentales para el desarrollo de técnicas culinarias más complejas.

Adriana del C Bautista Hernández

# ÍNDICE


PRÓLOGO ......................................................................... 2

ÍNDICE ............................................................................. 5

AGRADECIMIENTOS ....................................................... 9

INTRODUCCIÓN ............................................................. 11

CORTES DE VERDURAS ................................................ 13

    MIRE POIX Y MARTIGNON .......................................... 14

    PAPAS ........................................................................ 17

    TORNEADO .................................................................. 17

FONDOS, FUMET, CALDOS CORTOS Y CONSOMÉS ................... 18

    COURT BOUILLON ..................................................... 20

    FONDO DE VEGETALES ............................................. 22

    FONDO DE PESCADO ................................................ 23

    FUMET DE PESCADO ................................................ 24

    FONDO DE AVE .......................................................... 25

    FONDO OSCURO DE RES .......................................... 26

    CONSOMÉ DE RES .................................................... 27

SALSAS ........................................................................... 28

    MADRES, DERIVADAS, COMPUESTAS Y EMULSIONADAS .... 28

    SALSA BECHAMEL ..................................................... 30

    SALSA MORNAY .......................................................... 31

    SALSA VELOUTÉ DE PESCADO ................................ 32

    SALSA AMERICANA .................................................... 33

    SALSA VELOUTÉ DE POLLO ...................................... 35

    SALSA SUPREMA ....................................................... 36

    SALSA BONNEFOY ..................................................... 37

    SALSA DEMI GLACE (Base salsa española) ............... 38

    SALSA ROBERT .......................................................... 39

    SALSA BORDOLAIS .................................................... 40

SALSA CHASSEUR ............................................................ 42

SALSA DE TOMATE ........................................................... 43

SALSA NAPOLITANA .......................................................... 44

SALSA PORTUGUESA ......................................................... 45

   SALSAS EMULSIONADAS ............................................. 46

SALSA HOLANDESA .......................................................... 46

SALSA MOUSSELINE ......................................................... 47

SALSA BEARNESA ............................................................ 48

SALSA CHORON ............................................................... 49

SALSA MAYONESA ........................................................... 50

SALSA TÁRTARA .............................................................. 51

   OTRAS SALSAS ...................................................... 52

VINAGRETA .................................................................... 52

COULIS DE MANGO .......................................................... 53

COULIS DE PIMIENTO AMARILLO ........................................... 54

SALSA DUXELLE ............................................................. 55

CHIMICHURRI ................................................................. 56

ADEREZO FRANCÉS .......................................................... 57

PESTO ......................................................................... 58

PASTA  FRESCA .............................................................. 59

GRAVY ........................................................................ 59

SOPAS Y CREMAS ............................................................ 61

SOPA DE CEBOLLA .......................................................... 62

CREMA DE ESPINACA ........................................................ 63

SLURRY ....................................................................... 64

BISQUÉ ....................................................................... 65

MINESTRONE ................................................................. 66

CLAM CHOWDER ............................................................. 67

GUMBO DE MARISCOS ....................................................... 69

OTRAS PREPARACIONES .................................................... 70

MANTEQUILLA COMPUESTA (DE ALBAHACA) ........................... 70

PURÉ PARMENTIER ................................................................. 71

PURÉ TRADICIONAL DE PAPA .................................................. 73

RELISH DE MANGO ................................................................. 74

CHUTNEY DE MANGO .............................................................. 75

PICO DE GALLO ..................................................................... 76

POTAJE ................................................................................. 77

BIBLIOGRAFÍA ...................................................................... 78

# AGRADECIMIENTOS

A todos mis colegas y amigos gastrónomos y académicos del Departamento de Gastronomía de la Universidad del Caribe: César Yáñez, Juan Manuel Zamudio, Elena Gamarra y Myrna Beltrán por sus consejos, apoyo y guía para el desarrollo de esta obra.

A los estudiantes de Gastronomía de la Universidad del Caribe que fueron protagonistas en el diseño y preparación de las recetas.

A Oscar Gutiérrez y Denisse Sandy por las fotografías, la revisión nutrimental, el tiempo y esfuerzo invertidos en el proyecto.

A mí querida Universidad del Caribe.

Yesbek

# INTRODUCCIÓN

"Complicar una receta es la mejor forma de disfrazar la falta de talento de un cocinero"

Michel Bras

La preparación de alimentos ha evolucionado de un oficio a una profesión. Hoy en día la dignificación de ésta profesión ha quedado en manos no solo de los cocineros sino de estudiantes,  investigadores y gastrónomos interesados en posicionar a la Gastronomía como elemento de identidad imprescindible para el crecimiento cultural y económico de cualquier sociedad.

La manipulación de alimentos, la preparación de platillos y el arte del buen comer son elementos indiscutiblemente ligados. La aplicación certera de técnicas culinarias, el uso correcto de utensilios en la cocina, el manejo de temperaturas y la adecuada selección de insumos son tan solo algunos factores que influyen en la presentación de un buen platillo.

Las bases culinarias son el inicio de una formación profesional en el ámbito gastronómico, su importancia estriba en el manejo y control  adecuado de diversos elementos que darán como resultado preparaciones no necesariamente complejas pero si seductoras para los comensales.

Proporcionar  los fundamentos y bases teóricas  para que sean llevadas a la práctica de forma cabal  y consistente, por  aquellos que busquen una formación gastronómica profesional, requiere de material didáctico que simplifique y facilite el proceso de enseñanza- aprendizaje para los docentes y estudiantes involucrados.

El objetivo del presente manual es proveer a docentes y estudiantes de una herramienta sencilla de aplicar en la iniciación culinaria, a través de  recetas, técnicas y procedimientos básicos. Las recetas se encuentran calculadas y planeadas para trabajar de forma gradual, comenzando con cortes y posteriormente con fondos que servirán de base para preparaciones más complejas. Las cantidades elaboradas de fondos resultan útiles para su empleo en  salsas madres y derivadas, sopas, potajes y otras preparaciones que se presentan a lo largo del manual.

# CORTES DE VERDURAS

"Como cocinero, posiblemente se busca contar con el conocimiento esencial que nos lleve a ser  competentes dentro de la cocina"[1]

En el arte de la cocina, la habilidad  en el uso de los utensilios, el dominio de las técnicas culinarias y el adecuado uso de los ingredientes  son elementos que combinados de forma equilibrada, permiten a cualquier cocinero crear armoniosas composiciones de sabores, colores, aromas y texturas.

El corte de verduras  es una de las técnicas culinarias básicas indispensables a desarrollar para cualquiera que aspire a ser un profesional de la cocina. Esta técnica además de relacionarse con los principios de estética y diseño  gastronómico, obedece primordialmente a necesidades culinarias como métodos de cocción, usos de cada ingrediente, origen del platillo, armonía con los demás ingredientes,  por mencionar sólo algunas.

De acuerdo al vasto catálogo de estudiosos de la gastronomía, la cantidad y estilo  de cortes comprenden una  amplia lista, existen cortes pensados específicamente para  un grupo de ingredientes como el chiffonade  para hojas, así como, otros cortes más comunes y aplicables a un mayor número de ingredientes como  juliana y brunoise.

El conocimiento, habilidad y competencia para desarrollar y aplicar correctamente  los distintos cortes de verdura  se puede percibir en el producto terminado: formas regulares, mejores cocciones, mejor presentación y  mejores sabores.

---

[1]Braun, L. (2009). The Competent cook. Adams media. Estados Unidos.

# MIRE POIX Y MARTIGNON

## Mire poix /Matignon  rojos

| | |
|---|---|
| Cebolla | 40% |
| Zanahoria | 20% |
| Poro | 20% |
| Apio | 20% |

Tocino ahumado (opcional)

## Mire Poix / Martignon blancos

| | |
|---|---|
| Cebolla | 50% |
| Poro | 25% |
| Apio | 25% |

# CORTES DE VERDURAS[2]

Juliana
(1-3 mm x 1-3 mm x 5 cm de largo)

Brunoise
(1-3 mm x 1-3 mm)

Bâtonnet
(6 mm x 6 mm x 5 cm de largo)

Jardinera
(3.5- 4 mm x 3.5- 4 mm)

Paisana
(1 cm x 1 cm x 1- 3 mm de grosor)

Macedonia (small dice)
(5- 6 mm x 5- 6 mm)

---

[2] Medidas de acuerdo al libro de texto para bases culinarias On Cooking (2010) de Labensky y Hause y La cocina de Referencia (2007) de Maincent

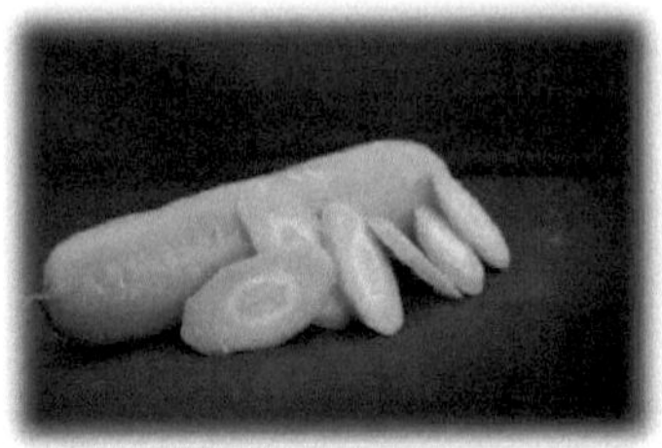

Vichy

Chiffonade

Rebanadas

Tomate concassé

Slices

Cebolla picada

# PAPAS

Chips

Paja

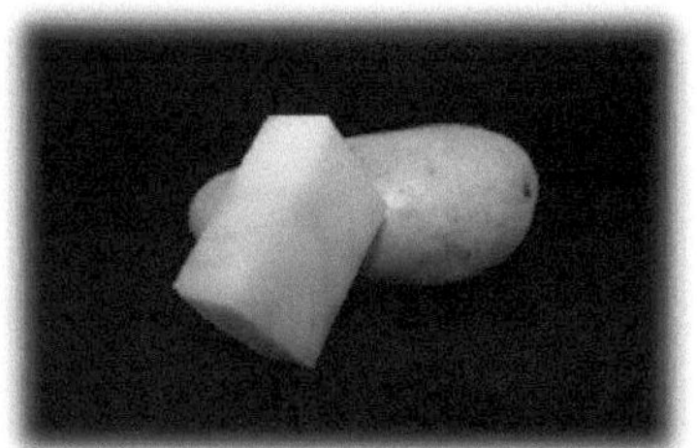

Panadera

# TORNEADO

# FONDOS, FUMET, CALDOS CORTOS Y CONSOMÉS

Los fondos son preparaciones fundamentales dentro del mundo culinario, su elaboración puntual y precisa da como resultado productos "bases" aromáticos neutros  que sirven para proporcionar y/o realzar el sabor de sopas, salsas y otras preparaciones.

La variedad de fondos comprende de acuerdo a su color: fondos blancos o claros, obscuros; y de acuerdo al producto del que se elaboran: de pescado, de caza o de verduras.

Los elementos básicos que componen un fondo son:

- Nutritivos: huesos, carne o despojos.

- Aromáticos: combinación de vegetales, hierbas aromáticas, especias o combinaciones de ambas que proporcionen aromas.

- De cocción: agua.

- Sazonadores: sal, pimienta o cualquier elemento que proporcione sabor.

La principal diferencia entre los fondos claros y obscuros es el proceso de dorado de los elementos nutritivos que determina la coloración y aporta sabores tostados al fondo.

La cocción de cualquier tipo de fondo debe ser un hervor suave o simmer que permita la convección. Esto es  que el agua que se encuentra en el fondo de la cacerola se caliente  y se mueva hacia la superficie llevando consigo las impurezas, una vez que se enfríe regrese al fondo dando así continuidad al ciclo de movimiento del fluido permitiendo que las impurezas de los elementos nutritivos y aromáticos se concentren en la superficie y puedan retirarse. Un fondo turbio es producto de un hervor agresivo.

Los tiempos de cocción de los fondos son largos, entre 3  y 5  horas por lo que son preparaciones llenas de sabor y aroma.

Otra preparación básica en la cocina es el fumet, obtenido a partir de un fondo colado de pescado al cual se le agregan más verduras y huesos de pescado para reforzar sabor, color, textura y aroma.

Así mismo, continuando con las preparaciones indispensables de la cocina, los caldos se definen como "líquidos que resultan  de cocer varios alimentos en agua durante tiempo suficiente para extraer el sabor y las sustancias nutritivas de las partículas sólidas"[3], "Líquido colado que se obtiene al cocer en agua aves, carne o pescado con hortalizas y condimentos"[4]

Una de las principales diferencias entre los fondos y los caldos es el menor tiempo de cocción de éstos últimos.

Al caldo a base de verduras, pescado, crustáceos o carnes blancas que lleva un periodo corto de tiempo para su cocción se le denomina court-bouillon.

Los consomés son caldos preparados a partir de fondo o caldo frío, al cual se añade verdura picada y clara de huevo, se lleva a ebullición por un corto lapso de tiempo para después colar y obtener un líquido claro y libre de impurezas

Hoy en día existen extractos líquidos, sólidos o granulados que se diluyen en agua y sustituyen los fondos, fumets o caldos elaborados de forma convencional.

---

[3]The Reader's Digest Association. (1980). *Secretos de la buena cocina*. México: Impresora y Editora Mexicana SA.

[4]Wright, J. (2008)."Guía completa de las técnicas culinarias", Art Blume. Barcelona.

## COURT BOUILLON
## (1.000 l)

### INGREDIENTES

| | |
|---|---|
| Zanahoria | 0.075 kg |
| Cebolla | 0.150 kg |
| Apio | 0.075 kg |
| | |
| Sachet d'epices | 1.000 pza |
| Tallos de perejil | 0.002 kg |
| Laurel | 0.002 kg |
| Pimienta negra entera | 0.002 kg |
| Clavo | 0.002 kg |
| Tomillo seco | 0.002 kg |
| Ajo (opcional) | 0.005 kg |
| Manta de cielo | 0.025 m |
| Hilo Choricero | 0.030 m |
| | |
| Agua purificada | 1.000 l |
| Vinagre | 0.045 l |
| Jugo de limón | 0.015 l |

### PROCEDIMIENTO

### MISE EN PLACE
- Cortar las verduras estilo mire poix.
- Preparar un sachet.

### PREPARACIÓN
- Combine todos los ingredientes y hervirlos.
- Deje hervir a fuego lento durante 45 minutos (simmer).
- Cuele y use de inmediato o enfríe y almacene correctamente.
- También se puede utilizar un bouquet garni en lugar del sachet.
- Bouquet garni: selección de hierbas generalmente frescas: apio, tomillo, poro, rabos de perejil.
- Colar con manta de cielo y un chino.
- Enfriar en un contenedor sobre hielo.

- Empacar y refrigerar o congelar.

NOTA: Los siguientes elementos se recomiendan para la conservación de todos los fondos que se elaborarán para su uso posterior en salsas, sopas, etc.

Bolsa de plástico  de 2 l          7.000 pza (para todos los fondos)
Manta de cielo               4.000 m (para todos los fondos)
Rollo de plástico auto adherible   1.000 pza

| Energía | Proteínas | Lípidos | HC | Fibra | Colesterol | Sodio |
| --- | --- | --- | --- | --- | --- | --- |
| 152.967 | 3.866 | 1.530 | 32.109 | 6.151 | 0 | 36.992 |

# FONDO DE VEGETALES
## (1.000 l)

## INGREDIENTES

Martignon rojo

| | |
|---|---|
| Cebolla blanca | 0.160 kg |
| Poro | 0.080 kg |
| Zanahoria | 0.080 kg |
| Apio | 0.080 kg |

| | |
|---|---|
| Tomate guajillo | 0.050 kg |
| Sachet d' Epices | 1.000 pza |
| Margarina | 0.030 kg |
| Ajo | 0.005 kg |
| Col Blanca | 0.080 kg |
| Hinojo | 0.010 kg |
| Vino blanco | 0.100 l |
| Agua Purificada | 1.000 l |

## PROCEDIMIENTO

### MISE EN PLACE
- Preparar el martignon, el tomate concassé y el sachet d´epices.

### PREPARACIÓN
- Acitronar la cebolla, el ajo y el poro en la margarina por aproximadamente 10 minutos.
- Agregar el resto de las legumbres y acitronar.
- Verter el vino, el agua y colocar el sachet,  llevar a punto de ebullición, bajar el fuego y espumar.
- Cocinar a fuego bajo por 45 minutos (simmer).
- Colar con una manta de cielo, enfriar en un recipiente sobre hielo, empacar y refrigerar.

| Energía | Proteínas | Lípidos | HC | Fibra | Colesterol | Sodio |
|---|---|---|---|---|---|---|
| 689.949 | 6.873 | 34.360 | 62.5912 | 10.235 | 0 | 41.783 |

# FONDO DE PESCADO
(1.000 l)

## INGREDIENTES

| | |
|---|---|
| Agua purificada | 1.000 l |
| Huesos de pescado | 0.400 kg |
| Champiñón | 0.050 kg |

Martignon blanco
| | |
|---|---|
| Poro | 0.100 kg |
| Cebolla | 0.200 kg |
| Apio | 0.100 kg |

| | |
|---|---|
| Sachet d'epices | 1.000 pza |

## PROCEDIMIENTO

### MISE EN PLACE
- Lavar los huesos limpiándolos de impurezas y sangre.
- Cortarlos en pedazos en caso de que los huesos sean muy grandes.
- Preparar el sachet d'epices, el martignon y los champiñones limpios en slices.

### PREPARACIÓN
- Calentar los huesos en agua.
- Una vez hirviendo, bajar el fuego y espumar.
- Agregar el martignon, los champiñones y el sachet d'epices.
- Dejar en simmer por 30 minutos como máximo.
- Colar con un chino y manta de cielo, enfriar, empacar y refrigerar.

| Energía | Proteínas | Lípidos | HC | Fibra | Colesterol | Sodio |
|---|---|---|---|---|---|---|
| 211.250 | 6.796 | 1.922 | 43.811 | 7.453 | 0 | 36.583 |

## FUMET DE PESCADO
## (0.500 l)

### INGREDIENTES

| Fondo de pescado | 0.500 l |
| Huesos de pescado | 0.300 kg |
| Vino blanco | 0.100 l |
| Jigo de limón | 0.010 l |
| Champiñón | 0.030 kg |
| Mantequilla | 0.010 kg |
| Shallot | 0.005 kg |

Martignon blanco

| Cebolla | 0.080 kg |
| Poro | 0.040 kg |
| Apio | 0.040 kg |
| Sachet d'epices | 1.000 pza |

### PROCEDIMIENTO

### MISE EN PLACE
- Lavar los huesos limpiando las impurezas y la sangre.
- Pelar los shallots y cortarlos en rodajas finas.
- Hacer el sachet d´epices y el martignon

### PREPARACIÓN
- Acitronar los shallots en la mantequilla, agregar el martignon, los champiñones y continuar acitronando, agregar los huesos, el vino, el jugo de limón y el fondo de pescado, llevar a punto de ebullición espumando constantemente.
- Agregar el sachet d'epices y dejar en simmer por 30 minutos como máximo.
- Colar con una manta de cielo, enfriar, empaquetar y almacenar.

| Energía | Proteínas | Lípidos | HC | Fibra | Colesterol | Sodio |
|---|---|---|---|---|---|---|
| 447.907 | 7.26135 | 11.156 | 58.772 | 6.851 | 0 | 26.562 |

# FONDO DE AVE
## (3.000 l)

## INGREDIENTES

| | |
|---|---|
| Agua purificada | 3.000 l |
| Huesos de pollo | 1.500 kg |

Mire poix rojo
| | |
|---|---|
| Zanahoria | 0.150 kg |
| Cebolla | 0.300 kg |
| Apio | 0.150 kg |
| Poro | 0.150 kg |

| | |
|---|---|
| Sachet d'epices | 1.000 pza |

## PROCEDIMIENTO

### MISE EN PLACE

- Blanquear los huesos de pollo quitando la espuma que se forme en la superficie constantemente, escurrirlos y enjuagarlos (muchos chefs están en desacuerdo con respecto a blanquear los huesos, quienes están a favor argumentan que este proceso remueve impurezas dándole mayor claridad al fondo, los que están en contra argumentan que el blanqueado de huesos remueve nutrientes y sabor).
- Preparar el mire poix rojo y el sachet.

### PREPARACIÓN

- Poner los huesos en agua fría y hervirlos, agregar el mire poix  rojo; espumar y quitar la grasa  constantemente.
- Una hora después  de haber comenzado la cocción agregar el sachet d´epices.
- Cocinar a fuego lento por 3- 4 horas (simmer)
- Colar con una manta de cielo, enfriar, empacar  y almacenar.

| Energía | Proteínas | Lípidos | HC | Fibra | Colesterol | Sodio |
|---|---|---|---|---|---|---|
| 358.518 | 8.828 | 2.603 | 70.094 | 14.579 | 0 | 95.75 |

## FONDO OSCURO DE RES
## (2.000 l)

### INGREDIENTES

| | |
|---|---|
| Agua purificada | 2.000 l |
| Huesos de res | 1.000 kg |
| Pasta de tomate | 0.030 kg |
| Aceite vegetal | 0.020 l |
| Vino tinto | 0.200 l |
| Mire poix rojo | 0.500 kg |
| Sachet d'epices | 1.000 pza |
| Cebolla blanca | 1.000 pza |

### PROCEDIMIENTO

### MISE EN PLACE

- Cortar los huesos en pedazos pequeños sin grasa, carne y tuétanos.
- Preparar el sachet d'epices  y el mire poix
- Preparar una oignon brûlé (en un sartén muy caliente colocar la mitad de una cebolla hasta tatemarla)

### PREPARACIÓN

- Colocar los huesos en una charola y rostizarlos en el horno (190° C), voltearlos periódicamente para que se rosticen de manera uniforme. Retirarlos dejando la grasa aparte,  colocarlos en una olla, cubrirlos con agua llevarlos al fuego.
- Mientras tanto, en la grasa donde se rostizaron los huesos acitronar el mire poix en el horno, cuidando de eliminar el exceso de grasa, desglasar con vino hasta lograr una consistencia de jarabe suave, agregar la pasta de tomate e incorporar bien, retirar del horno y agregar toda la mezcla a los huesos hirviendo.
- Colocar la oignon y el sachet. Hervir, espumar y quitar el exceso de grasa. Dejar por 4 horas en simmer.
- Colar con una manta de cielo, enfriar, empacar y almacenar.

| Energía | Proteínas | Lípidos | HC | Fibra | Colesterol | Sodio |
|---|---|---|---|---|---|---|
| 788.495 | 79.897 | 23.028 | 96.744 | 18.727 | 0 | 82.166 |

# CONSOMÉ DE RES
## (1.000 l)

## INGREDIENTES

| | |
|---|---|
| Fondo de res | 1.000 l |
| Carne molida de res | 0.100 kg |
| | |
| Martignon rojo | 0.200 kg |
| Tomate guajillo | 0.030 kg |
| Clara de huevo | 0.040 kg |
| Laurel | 0.002 kg |
| Pimienta blanca/polvo | 0.002 kg |
| Sal | 0.003 kg |
| Hielo | 0.050 kg |

## PROCEDIMIENTO

### MISE EN PLACE
- Preparar concassé de jitomate
- Mezclar el martignon con el jitomate, la carne molida, la clara, especias y el hielo, refrigerar la mezcla por lo menos 30 minutos

### PREPARACIÓN
- En el fondo frío incorporar la mezcla refrigerada y hervir, procurar que todos los ingredientes queden concentrados en la superficie.
- Bajar el fuego y dejar en simmer por una hora.
- Colar con manta de cielo, sazonar, enfriar, empacar y almacenar.

| Energía | Proteínas | Lípidos | HC | Fibra | Colesterol | Sodio |
|---|---|---|---|---|---|---|
| 913.733 | 73.494 | 23.500 | 116.188 | 24.244 | 65 | 1335.004 |

## MADRES, DERIVADAS, COMPUESTAS Y EMULSIONADAS

En 1950 Curnonsky, también llamado el príncipe de los gastrónomos, afirmó "Las salsas son el aderezo y el honor de la cocina francesa"

Las salsas son preparaciones destinadas a acompañar mediante aporte de sabores, nutrientes o elementos aromáticos. La técnica correcta para elaborar dichas preparaciones en algunas ocasiones es partiendo de un fondo, para de esta forma aprovechar todos los elementos de éste.

Aunque algunos autores han calificado las salsas como carentes de valor en sí mismas la correcta confección de una salsa, en muchas ocasiones determinan el resultado final.

El cocinero Caréme fue el primer estudioso en sistematizar las salsas clasificándolas en frías y calientes, estas últimas divididas a su vez en obscuras, blancas (o claras) y emulsionadas (frías y calientes).

Estas subdivisiones incluyen las llamadas grandes salsas o salsas madres de las cuales se desprenden las salsa derivadas que se obtienen mediante la adición de elementos que infieran sabor, aroma, acidez o cuerpo a la preparación inicial.

Anteriormente la clasificación solo incluía las salsas francesas, poco a poco se han ido añadiendo salsas de otros países. La diversidad de preparaciones, las nuevas técnicas culinarias, la fusión entre cocinas y la evolución misma de la gastronomía ha favorecido a la multiplicación de dichas preparaciones.

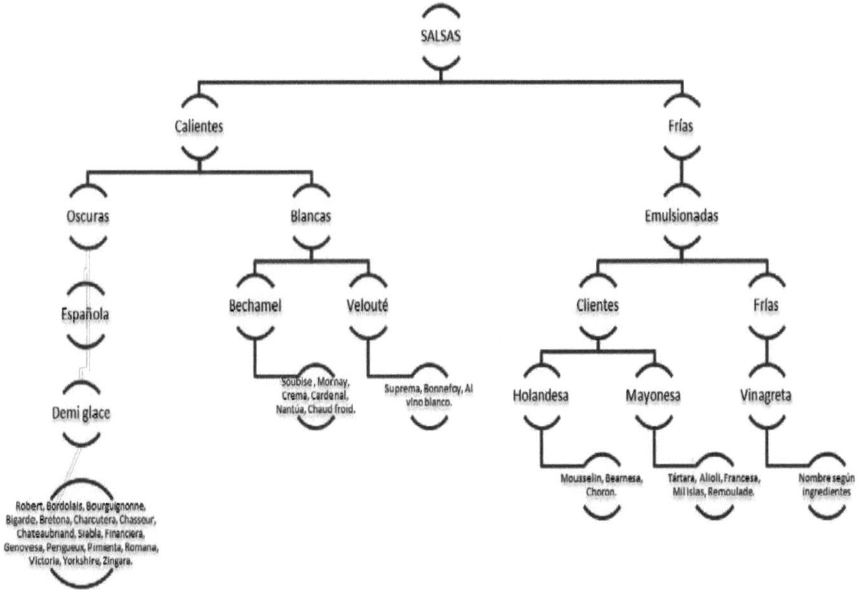


Tabla 1: Clasificación de las salsas en la cocina.

# SALSA BECHAMEL
## (0.500 l)

## INGREDIENTES

Roux blanco
| | |
|---|---|
| Mantequilla | 0.030 kg |
| Harina | 0.030 kg |
| Leche | 0.500 l |
| Sal | 0.002 kg |
| Pimienta blanca/polvo | 0.001 kg |

Oignon piqué
| | |
|---|---|
| Cebolla Blanca | 1.000 pza |
| Hoja de Laurel | 1.000 pza |
| Clavo | 3.000 pza |

## PROCEDIMIENTO

### MISE EN PLACE
- Preparar una oignon piqué
- Elaborar un roux blanco y enfriarlo (proporción 1:1).

### PREPARACIÓN
- Calentar la leche e incorporar la oignon, dejar a fuego lento por 20 minutos y retirar la oignon.
- Agregar la leche anterior al roux y con un globo batidor incorporar batiendo constantemente para eliminar los grumos.
- Al llegar al punto de ebullición bajar a fuego lento y conservar ahí hasta que las salsa tenga la consistencia adecuada (30 minutos aproximadamente).
- Sazonar y colar.

| Energía | Proteínas | Lípidos | HC | Fibra | Colesterol | Sodio |
|---|---|---|---|---|---|---|
| 744.143 | 22.527 | 44.211 | 67.604 | 4.198 | 67.708 | 1027.083 |

# SALSA MORNAY
(0.250 l)

## INGREDIENTES

| | |
|---|---|
| Salsa Bechamel | 0.250 l |
| Crema | 0.030 l |
| Queso gruyere | 0.050 kg |
| Sal | 0.002 kg |
| Pimienta de cayena | 0.001 kg |

## PROCEDIMIENTO

### MISE EN PLACE

- Elaborar una salsa bechamel

### PREPARACIÓN

- Agregar a la salsa Bechamel el queso rallado y la crema en caso de que la salsa esté muy espesa.
- Sazonar con sal y pimienta cayena molida.

| Energía | Proteínas | Lípidos | HC | Fibra | Colesterol | Sodio |
|---|---|---|---|---|---|---|
| 667.07 | 26.36 | 44.855 | 38.75 | 2.095 | 110.25 | 1457.04 |

# SALSA VELOUTÉ DE PESCADO
(0.250 l)

## INGREDIENTES

| | |
|---|---|
| Fondo de pescado | 0.250 l |
| Roux blanco | 0.025 kg |
| Sal | 0.002 kg |
| Pimienta blanca | 0.001 kg |

## PROCEDIMIENTO

### MISE EN PLACE
- Preparar un roux blanco y refrigerarlo.

### PREPARACIÓN
- Hervir el fondo de pescado y agregar al roux.
- Batir con batidor globo hasta deshacer los grumos y lograr una consistencia lisa y homogénea.
- Cocinar por 20 minutos a fuego lento.
- Sazonar con sal y pimienta molida, colar.

| Energía | Proteínas | Lípidos | HC | Fibra | Colesterol | Sodio |
|---|---|---|---|---|---|---|
| 171.197 | 3.9128 | 5.918 | 26.214 | 2.343 | 0 | 785.702 |

# SALSA AMERICANA
(0.500 l)

## INGREDIENTES

| | |
|---|---|
| Nécoras o cangrejos | 0.200 kg |
| Espinas de pescado | 0.100 kg |
| Aceite | 0.050 l |
| Mantequilla | 0.010 kg |
| Zanahoria | 0.050 kg |
| Cebolla blanca | 0.050 kg |
| Shallot | 0.010 kg |
| Tomate | 0.080 kg |
| Puré de tomate | 0.020 kg |
| Ajo | 0.005 kg |
| Perejil | 0.005 kg |
| Estragón fresco | 0.005 kg |
| Coñac | 0.025 l |
| Vino blanco | 0.100 l |
| Fumet de pescado | 0.500 l |
| Mantequilla | 0.050 kg |
| Harina | 0.025 kg |
| Sal | 0.002 kg |
| Pimienta de cayena | 0.001 kg |

## PROCEDIMIENTO

### MISE EN PLACE

- Lavar las nécoras y reservar la carne.
- Cortar las zanahorias y cebollas en mire poix, laminar los shallots y picar los ajos.
- Hacer concassé de tomate.
- Hacer un bouquet garni con una parte del perejil y el estragón, picar el resto.

### PREPARACIÓN

- Calentar en una cacerola a fuego alto la mantequilla y el aceite, colocar las nécoras y saltear hasta que tomen color rojo vivo.

- Retirar la grasa, agregar las verduras y el shallot, acitronar.
- Flamear con coñac. Verter el vino blanco y reducirlo a 2/3 partes. Agregar el fumet y los huesos de pescado.
- Agregar el concassé, el puré de tomate, el ajo y el bouquet garni.
- Llevar a ebullición lentamente sin tapar por 15 minutos, espumar si es necesario.
- Colar con ayuda de un chino.
- Aparte hacer la beurre manié con la mantequilla y harina. Ligar la salsa poco a poco. Dejar que reduzca durante unos minutos, rectificar sazón, colar y agregar el perejil y el estragón.

| Energía | Proteínas | Lípidos | HC | Fibra | Colesterol | Sodio |
|---|---|---|---|---|---|---|
| 1933.758 | 50.801 | 117.172 | 109.805 | 11.377 | 155.238 | 1396.899 |

# SALSA VELOUTÉ DE POLLO
(0.500 l)



## INGREDIENTES

| | |
|---|---|
| Fondo de pollo | 0.500 l |
| Roux blanco | 0.070 kg |
| Sal | 0.002 kg |
| Pimienta de cayena | 0.001 kg |

## PROCEDIMIENTO

### MISE EN PLACE

- Preparar un roux blanco y refrigerar.

### PREPARACIÓN

- Hervir el fondo de pollo y agregar  al roux frío, batir constantemente para evitar la formación de grumos.
- Cocinar a fuego medio por 20 minutos.
- Sazonar.
- Colar.

| Energía | Proteínas | Lípidos | HC | Fibra | Colesterol | Sodio |
|---|---|---|---|---|---|---|
| 415.706 | 8.230 | 15.608 | 59.265 | 4.990 | 0 | 802.399 |

# SALSA SUPREMA
(0.200 l)

## INGREDIENTES

| | |
|---|---|
| Salsa velouté de pollo | 0.200 l |
| Crema | 0.040 l |
| Jugo  de limón | 0.005 l |
| Cayena Molida | 0.001 kg |
| Sal | 0.002 kg |
| Manta de cielo | 0.250 m |

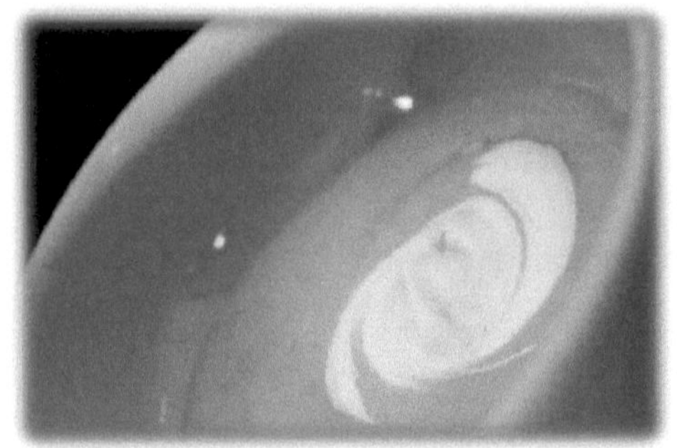

## PROCEDIMIENTO

### MISE EN PLACE
- Calentar la salsa velouté.

### PREPARACIÓN
- Agregar la crema a la velouté caliente, dejar unos minutos a fuego bajo sin llegar al punto de ebullición para evitar que la salsa se corte.
- Colar con una manta de cielo
- Sazonar con sal, cayena y jugo de limón

| Energía | Proteínas | Lípidos | HC | Fibra | Colesterol | Sodio |
|---|---|---|---|---|---|---|
| 284.858 | 3.437 | 14.926 | 30.401 | 1.996 | 28.533 | 1096.595 |

## SALSA BONNEFOY
(0.200 l)

### INGREDIENTES

| | |
|---|---|
| Salsa velouté de pollo | 0.100 l |
| Vino blanco | 0.100 l |
| Shallot | 0.010 kg |
| Pimienta triturada | 0.003 kg |
| Jugo de limón | 0.005 l |
| Estragón | 0.004 kg |
| Sal | 0.002 kg |

### PROCEDIMIENTO

### MISE EN PLACE
- Shallot picado

### PREPARACIÓN
- Mezclar el vino, el shallot y la pimienta, reducir al 50% (au sec) y agregar la salsa velouté, cocinar por 15 minutos más batiendo constantemente para evitar grumos.
- Colar, agregar el estragón y el jugo de limón

| Energía | Proteínas | Lípidos | HC | Fibra | Colesterol | Sodio |
|---|---|---|---|---|---|---|
| 264.217 | 2.991 | 3.471 | 30.348 | 0.998 | 0 | 939.116 |

**SALSA DEMI GLACE (Base salsa española)**
**(0.500 l)**

## INGREDIENTES

| | |
|---|---|
| Fondo de Res | 0.600 l |
| Roux oscuro | |
| Harina | 0.030 kg |
| Mantequilla | 0.030 kg |

## PROCEDIMIENTO

### MISE EN PLACE

- Elaborar un roux oscuro y enfriar (proporción 1:1)
- Para elaborar el roux oscuro se debe dejar la mantequilla al fuego hasta que tome un color dorado, aparte en un sartén se coloca la harina para que se tueste hasta alcanzar un color avellana.

### PREPARACIÓN

- Elaborar una salsa Española (reducir el fondo de res al 50%). Cocinar a fuego medio por 20 minutos.
- Hervir, agregar el roux y reducir hasta lograr la textura deseada. Colar.

| Energía | Proteínas | Lípidos | HC | Fibra | Colesterol | Sodio |
|---|---|---|---|---|---|---|
| 581.048 | 27.619 | 33.708 | 51.973 | 6.368 | 0 | 28.399 |

## SALSA ROBERT
(0.200 l)

### INGREDIENTES

| | |
|---|---|
| Salsa Demi- glace | 0.200 l |
| Cebolla Blanca | 0.015 kg |
| Mantequilla | 0.005 kg |
| Mostaza Dijon | 0.005 kg |
| Vino Blanco | 0.025 l |
| Sal | 0.002 kg |
| Pimienta blanca | 0.001 kg |

### PROCEDIMIENTO

#### MISE EN PLACE
- Hacer una pasta con la mostaza y la mantequilla, refrigerar.
- Picar finamente la cebolla.

#### PREPARACIÓN
- Colocar la cebolla con el vino blanco en una cacerola y reducir casi completamente.
- Agregar la salsa demi-glace y cocinar a fuego lento por 10 minutos.
- Colar y agregar la mezcla de mantequilla y  mostaza fuera del fuego, sazonar con sal y pimienta en polvo.

| Energía | Proteínas | Lípidos | HC | Fibra | Colesterol | Sodio |
|---|---|---|---|---|---|---|
| 325.534 | 11.686 | 18.375 | 26.535 | 2.805 | 0 | 852.359 |

## SALSA BORDOLAIS
(0.200 l)

### INGREDIENTES

| | |
|---|---|
| Salsa Demi glace | 0.200 l |
| Mantequilla | 0.040 kg |
| Shallot | 0.040 kg |
| Pimienta negra | 0.001 kg |
| Tomillo fresco | 0.002 kg |
| Laurel fresco | 0.002 kg |
| Vino tinto | 0.200 l |
| Perejil fresco | 0.020 l |
| Vinagre blanco | 0.010 l |
| Tuétano de res | 0.080 kg |
| Aceite | 0.010 l |

Opcional:
Clavo de olor
Zest de limón

### PROCEDIMIENTO

### MISE EN PLACE
- Refrigerar la mantequilla en cubos.
- Blanquear el tuétano cortado en cubos en agua con sal y vinagre.
- Picar perejil.
- Laminar los shallots.

### PREPARACIÓN
- Acitronar los shallots en aceite, agregar el tomillo, laurel, pimienta, vino tinto y los ingredientes opcionales.
- Reducir la mezcla anterior al 50% e incorporar la salsa demi-glace.
- Cocinar a fuego lento de 15 a 20 minutos.
- Colar, espolvorear el perejil, incorporar los tuétanos, la mantequilla y sazonar.

| Energía | Proteínas | Lípidos | HC | Fibra | Colesterol | Sodio |
| --- | --- | --- | --- | --- | --- | --- |
| 834.752 | 12.884 | 59.633 | 31.776 | 3.213 | 0 | 19.359 |

41

# SALSA CHASSEUR
(0.200 l)

## INGREDIENTES

| | |
|---|---|
| Salsa Demi glace | 0.150 l |
| Champiñones | 0.040 kg |
| Vino blanco | 0.050 l |
| Tomate guajillo | 0.040 kg |
| Perejil | 0.004 kg |
| Aceite de oliva | 0.005 l |
| Mantequilla | 0.008 kg |
| Sal | 0.002 kg |
| Pimienta negra | 0.001 kg |

## PROCEDIMIENTO

### MISE EN PLACE
- Preparar tomate concassé.
- Lavar y laminar los champiñones.
- Picar finamente el perejil.

### PREPARACIÓN
- Saltear los champiñones en  la mantequilla y el aceite.
- Agregar el vino y reducir una tercera parte del volumen inicial.
- Agregar el jitomate y la salsa demi-glace.
- Hervir y dejar cocinar a fuego lento por 20 minutos.
- Sazonar con sal y pimienta en polvo, agregar el perejil picado.

| Energía | Proteínas | Lípidos | HC | Fibra | Colesterol | Sodio |
|---|---|---|---|---|---|---|
| 380.629 | 10.240 | 22.462 | 26.386 | 2.926 | 0 | 784.819 |

## SALSA DE TOMATE
(0.400 l)

### INGREDIENTES

| | |
|---|---|
| Aceite de olivo | 0.020 l |
| Tomate guajillo | 0.200 kg |
| Mire poix blanco | |
| Cebolla Blanca | 0.040 kg |
| Poro | 0.020 kg |
| Apio | 0.020 kg |
| Ajo | 0.005 kg |
| Pasta de tomate | 0.100 kg |
| Puré de tomate | 0.150 l |
| Fondo de pollo | 0.300 l |
| Sachet d´epice | 1.000 pza |
| Albahaca | 0.010 kg |
| Sal | 0.002 kg |
| Pimienta blanca | 0.001 kg |

### PROCEDIMIENTO

#### MISE EN PLACE
- Preparar tomate concassé.
- Picar el ajo y cortar el mire poix.
- Cortar albahaca en chiffonade o picada.

#### PREPARACIÓN
- Acitronar el mire poix en el aceite de olivo.
- Añadir la pasta de tomate y el ajo, acitronar a fuego lento.
- Agregar el tomate concassé, el puré y el fondo, hervir quitando la espuma constantemente.
- Agregar el sachet d' epices y cocinar por 20- 30 minutos.
- Licuar y colar.
- Sazonar con sal y pimienta en polvo, añadir la albahaca.

| Energía | Proteínas | Lípidos | HC | Fibra | Colesterol | Sodio |
|---|---|---|---|---|---|---|
| 462.631 | 238.624 | 22.497 | 61.680 | 12.008 | 0 | 850.195 |

# SALSA NAPOLITANA
(0.200 l)

## INGREDIENTES

| | |
|---|---|
| Mantequilla | 0.010 kg |
| Tomate guajillo | 0.100 kg |
| Salsa de tomate | 0.200 kg |
| Sal | 0.002 kg |
| Pimienta blanca en polvo | 0.001 kg |

## PROCEDIMIENTO

### MISE EN PLACE
- Preparar tomate concassé.

### PREPARACIÓN
- Saltear el tomate concassé en la mantequilla cuidando de no maltratarlo, sazonar con sal y pimienta, incorporarlo a la salsa de tomate.

| Energía | Proteínas | Lípidos | HC | Fibra | Colesterol | Sodio |
|---|---|---|---|---|---|---|
| 330.348 | 120.463 | 20.258 | 35.434 | 7.243 | 0 | 1201.097 |

## SALSA PORTUGUESA
(0.200 l)

### INGREDIENTES

| | |
|---|---|
| Salsa de tomate | 0.200 l |
| Mantequilla | 0.010 kg |
| Jamón serrano | 0.010 kg |
| Aceitunas verdes sin semilla | 0.010 kg |
| Sal | 0.002 kg |
| Pimienta | 0.001 kg |

### PROCEDIMIENTO

### MISE EN PLACE
- Cortar el jamón en juliana
- Cortar rodajas finas de las aceitunas

### PREPARACIÓN
- Calentar la mantequilla y dorar ligeramente el jamón serrano, incorporar la salsa de tomate y dejar a fuego lento por 10 minutos.
- Agregar las aceitunas y sazonar.

| Energía | Proteínas | Lípidos | HC | Fibra | Colesterol | Sodio |
|---|---|---|---|---|---|---|
| 351.049 | 122.819 | 22.971 | 31.500 | 6.264 | 3.32 | 1201.858 |

# SALSAS EMULSIONADAS

## SALSA HOLANDESA
(0.400 l)

### INGREDIENTES

| | |
|---|---|
| Shallots | 0.050 kg |
| Pimienta gorda | 0.010 kg |
| Vinagre de vino blanco | 0.050 l |
| Vino blanco | 0.040 l |
| Agua purificada | 0.050 l |
| Sal | 0.005 kg |
| Yema de huevo | 0.150 kg |
| Mantequilla | 0.300 kg |
| Pimienta de cayena molida | 0.010 kg |
| Jugo de limón | 0.020 l |

### PROCEDIMIENTO

#### MISE EN PLACE

- Clarificar la mantequilla y mantenerla a una temperatura entre 40 y $50^\circ$ C
- Picar los shallots y triturar los granos de pimienta

#### PREPARACIÓN

- Poner los shallots, la pimienta, el vinagre, el vino y la mitad del agua a reducir casi por completo, agregar el resto del agua fuera del fuego.
- Mezclar la reducción con las yemas en un bowl, batir vigorosamente a baño María (80° C) hasta obtener una textura cremosa y que forme "listones".

| Energía | Proteínas | Lípidos | HC | Fibra | Colesterol | Sodio |
|---|---|---|---|---|---|---|
| 2960.356 | 31.005 | 306.705 | 27.325 | 0 | 1851.176 | 2050.936 |

# SALSA MOUSSELINE
(0.200 l)

## INGREDIENTES

| | |
|---|---|
| Salsa holandesa | 0.200 l |
| Jugo de limón | 0.010 l |
| Crema | 0.050 l |
| Sal | 0.002 kg |

## PROCEDIMIENTO

### MISE EN PLACE

- Batir y temperar la crema.

### PREPARACIÓN

- Incorporar la crema a la salsa holandesa en forma envolvente con un globo.
- Incorporar el jugo de limón y rectificar sazón.

| Energía | Proteínas | Lípidos | HC | Fibra | Colesterol | Sodio |
|---|---|---|---|---|---|---|
| 1625.329 | 15.593 | 164.019 | 21.753 | 0 | 961.254 | 1800.740 |

# SALSA BEARNESA
(0.200 l)

## INGREDIENTES

| | |
|---|---|
| Shallots | 0.025 kg |
| Pimienta gorda | 0.005 kg |
| Vinagre de estragón | 0.025 l |
| Vino blanco | 0.020 l |
| Agua purificada | 0.025 l |
| Sal | 0.002 kg |
| Yema de huevo | 0.075 kg |
| Mantequilla | 0.150 kg |
| Pimienta de cayena molida | 0.003 kg |
| Jugo de limón | 0.005 l |
| Estragón | 0.010 kg |
| Perifollo | 0.010 kg |

## PROCEDIMIENTO

### MISE EN PLACE
- Picar el estragón y el perifollo

### PREPARACIÓN
- Elaborar una salsa holandesa con el vinagre de estragón sustituyendo al blanco y 0.010 kg de estragón en la reducción y el resto al final con el perifollo.

| Energía | Proteínas | Lípidos | HC | Fibra | Colesterol | Sodio |
|---|---|---|---|---|---|---|
| 398.969 | 17.677 | 26.742 | 21.927 | 1.13 | 925.588 | 821.181 |

# SALSA CHORON
(0.200 l)

## INGREDIENTES

| | |
|---|---|
| Salsa bearnesa | 0.200 l |
| Pasta de tomate | 0.020 kg |
| Pimienta cayena | 0.004 kg |
| Sal | 0.002 kg |

## PROCEDIMIENTO

### MISE EN PLACE
- Temperar la pasta de tomate.

### PREPARACIÓN
- Incorporar la pasta de tomate a la salsa holandesa con movimientos envolventes y un globo para evitar que la salsa pierda volumen.

| Energía | Proteínas | Lípidos | HC | Fibra | Colesterol | Sodio |
|---|---|---|---|---|---|---|
| 419.635 | 64.077 | 27.396 | 26.147 | 1.596 | 925.588 | 1608.848 |

**SALSA MAYONESA**
**(0.200 l)**

INGREDIENTES

| | |
|---|---|
| Yema de Huevo | 0.040 kg |
| Mostaza | 0.010 kg |
| Aceite de girasol | 0.200 l |
| Vinagre de vino blanco | 0.008 l |
| Sal | 0.002 kg |
| Pimienta blanca en polvo | 0.001 kg |
| Jugo de limón | 0.010 l |

PROCEDIMIENTO

PREPARACIÓN

- Poner las yemas y la mostaza a temperatura ambiente en un *bowl*, batir hasta incorporar por completo
- Agregar el aceite a temperatura ambiente en forma de hilo sin dejar de batir cuidando de que la emulsión se vaya realizando lentamente.
- Agregar vinagre.
- Sazonar con sal, pimienta blanca y jugo de limón.

| Energía | Proteínas | Lípidos | HC | Fibra | Colesterol | Sodio |
|---|---|---|---|---|---|---|
| 1903.477 | 7.1438 | 211.188 | 4.282 | 0 | 493.647 | 924.449 |

## SALSA TÁRTARA
(0.200 kg)

### INGREDIENTES

| | |
|---|---|
| Salsa mayonesa | 0.100 l |
| Huevo | 0.020 kg |
| Pepinillo en vinagre | 0.005 kg |
| Alcaparras | 0.005 kg |
| Perejil liso fresco | 0.005 kg |
| Cebollín fresco | 0.005 kg |
| Sal | 0.002 kg |
| Pimienta de cayena molida | 0.001 kg |

### PROCEDIMIENTO

#### MISE EN PLACE
- Cocinar el huevo en agua, enfriar, quitar el cascarón y cortar pequeños cubos.
- Picar los pepinillos, alcaparras, perejil y cebollín finamente sin batir el producto.

#### PREPARACIÓN
- Mezclar todos los ingredientes con la mayonesa.
- Sazonar con sal y pimienta.

| Energía | Proteínas | Lípidos | HC | Fibra | Colesterol | Sodio |
|---|---|---|---|---|---|---|
| 132.451 | 6.658 | 107.820 | 3.676 | 0.226 | 331.414 | 1463.665 |

# OTRAS SALSAS



**VINAGRETA**
(0.100 l)

INGREDIENTES

Aceite vegetal                   0.075 l
Vinagre de caña blanco 0.025 l
Mostaza                          0.003 kg
Sal                              0.002 kg
Pimienta blanca                  0.001 kg

PROCEDIMIENTO

PREPARACIÓN
- Mezclar el vinagre y la mostaza con un poco de sal  y pimienta blanca molida en un bowl.
- Agregar el aceite al hilo con un batidor globo hasta que tenga la consistencia deseada.
- Rectificar sazón.

Nota: Radio de la vinagreta 3:1 (3 de aceite por uno de vinagre)

| Energía | Proteínas | Lípidos | HC | Fibra | Colesterol | Sodio |
|---|---|---|---|---|---|---|
| 671 | 0.28 | 75.18 | 2.38 | 0 | 0 | 814 |

# COULIS DE MANGO
(0.200 l)

## INGREDIENTES

| | |
|---|---|
| Aceite de girasol | 0.015 l |
| Cebolla blanca | 0.050 kg |
| Ajo | 0.005 kg |
| Mango | 0.200 kg |
| Agua o fondo | 0.150 l |
| Sal | 0.003 kg |
| Pimienta blanca en polvo | 0.002 kg |

## PROCEDIMIENTO

### MISE EN PLACE

- Picar finamente el ajo y la cebolla
- Cortar el mango en trozos

### PREPARACIÓN

- Acitronar la cebolla en el aceite, agregar el ajo y acitronar.
- Añadir el mango, acitronar y sazonar.
- Agregar un poco de fondo o simplemente agua, para dar humedad, tapar y dejar cocinar lentamente.
- Licuar, pasarlo por un colador  y reducir hasta obtener una consistencia cremosa y suave.
- Sazonar con sal y pimienta.

| Energía | Proteínas | Lípidos | HC | Fibra | Colesterol | Sodio |
|---|---|---|---|---|---|---|
| 235.380 | 2.507 | 15.096 | 25.335 | 3.043 | 0 | 1166.937 |

# COULIS DE PIMIENTO AMARILLO
(0.200 l)

## INGREDIENTES

| | |
|---|---|
| Aceite de girasol | 0.030 l |
| Cebolla blanca | 0.050 kg |
| Ajo | 0.005 kg |
| Pimiento amarillo | 0.200 kg |
| Agua o fondo | 0.150 l |
| Sal | 0.003 kg |
| Pimienta blanca en polvo | 0.003 kg |

## PROCEDIMIENTO

### MISE EN PLACE

- Picar finamente el ajo y la cebolla
- Lavar, asar, pelar, partir, sacar las semillas y cortar en cuadros pequeños los pimientos.

### PREPARACIÓN

- Acitronar la cebolla en el aceite, agregar el ajo y continuar acitronando.
- Añadir el pimiento, acitronar y sazonar.
- Agregar un poco de fondo o simplemente agua, para dar humedad, tapar y dejar cocinar lentamente.
- Licuar, pasarlo por un colador  y reducir hasta obtener una consistencia cremosa y suave.
- Sazonar con sal y pimienta.

| Energía | Proteínas | Lípidos | HC | Fibra | Colesterol | Sodio |
|---|---|---|---|---|---|---|
| 353.202 | 3.219 | 30.408 | 20.475 | 2.737 | 0 | 1166.937 |

# SALSA DUXELLE
(0.400 kg)

## INGREDIENTES

| | |
|---|---|
| Champiñones | 0.400 kg |
| Mantequilla | 0.050 kg |
| Cebolla | 0.075 kg |
| Shallot | 0.075 kg |
| Perejil | 0.020 kg |
| Sal | 0.005 kg |
| Pimienta negra molida | 0.002 kg |

## PROCEDIMIENTO

### MISE EN PLACE
- Lavar, pelar y picar la cebolla y el shallot.
- Lavar, quitar los tallos y picar el perejil.
- Lavar y picar finamente los champiñones.
- Prensar los champiñones con una manta de cielo para extraer el agua.

### PREPARACIÓN
- Acitronar mantequilla el shallot y la cebolla.
- Añadir los champiñones.
- Sazonar con sal y pimienta.
- Cocer la mezcla a fuego alto hasta que el líquido de los champiñones se evapore.
- Añadir el perejil picado.

| Energía | Proteínas | Lípidos | HC | Fibra | Colesterol | Sodio |
|---|---|---|---|---|---|---|
| 525.762 | 14.882 | 45.752 | 22.982 | 5.830 | 0 | 1942.5 |

**CHIMICHURRI**
**(0.250 kg)**

INGREDIENTES

| | |
|---|---|
| Aceite de oliva | 0.100 l |
| Vinagre de vino blanco | 0.020 l |
| Cebolla blanca | 0.030 kg |
| Ajo | 0.010 kg |
| Perejil | 0.020 kg |
| Orégano fresco | 0.008 kg |
| Aji molido | 0.005 kg |
| Sal | 0.003 kg |

PROCEDIMIENTO

MISE EN PLACE

- Cortar finamente la cebolla, ajo, perejil y orégano.

PREPARACIÓN

- Incorporar todos los ingredientes y revolver vigorosamente.

| Energía | Proteínas | Lípidos | HC | Fibra | Colesterol | Sodio |
|---|---|---|---|---|---|---|
| 941.329 | 2.245 | 101.088 | 13.299 | 1.333 | 0 | 1162.5 |

# ADEREZO FRANCÉS
(0.100 l)

## INGREDIENTES

| | |
|---|---|
| Cebolla blanca | 0.030 kg |
| Mostaza | 0.010 kg |
| Yema de huevo | 0.040 kg |
| Cayena molida | 0.001 kg |
| Salsa inglesa | 0.002 l |
| Jugo de limón | 0.020 l |
| Vinagre de vino blanco | 0.020 l |
| Aceite vegetal | 0.150 l |
| Sal | 0.002 kg |
| Pimienta blanca molida | 0.001 kg |

## PROCEDIMIENTO

### PREPARACIÓN

- Licuar la cebolla, mostaza, yema de huevo, condimentos y una parte del vinagre hasta quedar homogéneo.
- Seguir licuando e incorporar el aceite poco a poco ajustando la consistencia con el resto del vinagre.
- Sazonar.

| Energía | Proteínas | Lípidos | HC | Fibra | Colesterol | Sodio |
|---|---|---|---|---|---|---|
| 1484.091 | 7.895 | 161.564 | 10.336 | 0.517 | 493.647 | 946.346 |

**PESTO**
**(0.150 kg)**

INGREDIENTES

| | |
|---|---|
| Albahaca | 0.050 kg |
| Ajo | 0.005 kg |
| Piñón rosa | 0.030 kg |
| Aceite de olivo | 0.060 kg |
| Queso parmesano | 0.040 kg |
| Sal | 0.002 kg |
| Pimienta blanca molida | 0.001 kg |

PROCEDIMIENTO

MISE EN PLACE
- Separar las  hojas de albahaca de los tallo y lavarlas.
- Rallar el queso parmesano.

PREPARACIÓN
- Licuar o picar en el procesador todos los ingredientes, excepto el queso parmesano, ajustar la consistencia con un poco de agua o aceite según sea el caso.
- Incorporar el queso parmesano y sazonar con sal y pimienta.

| Energía | Proteínas | Lípidos | HC | Fibra | Colesterol | Sodio |
|---|---|---|---|---|---|---|
| 1008.066 | 25.483 | 86.601 | 31.13 | 1.95 | 34.222 | 1369.666 |

**PASTA FRESCA**
**(0.500 kg)**



Harina blanca de trigo 0.500 kg
Huevo                  0.150 kg
Aceite de olivo        0.025 l
Sal                    0.005 kg

PROCEDIMIENTO

PREPARACIÓN

- Preparar una fuente sobre la mesa con la harina y la sal a la orilla, incorporar los huevos uno a uno y el aceite de olivo lentamente.

| Energía | Proteínas | Lípidos | HC | Fibra | Colesterol | Sodio |
|---|---|---|---|---|---|---|
| 2259.772 | 71.25 | 45 | 383.522 | 12.5 | 634.431 | 2160 |

**GRAVY**
**(0.200 l)**

INGREDIENTES

Costillar de res          0.350 kg
Harina                    0.010 kg
Mantequilla               0.010 kg
Pimienta negra molida     0.001 kg
Agua                      0.050 l
Sal                       0.001 kg

PROCEDIMIENTO

MISE EN PLACE

- Colocar la carne y el agua en una sartén y hornear tapada hasta que suelte jugo.

- En la sartén que contienen el jugo de la carne se coloca la mantequilla, la harina, la pimienta y la sal, mantener a fuego lento hasta espesar.
- Sazonar.

| Energía | Proteinas | Lípidos | HC | Fibra | Colesterol | Sodio |
|---|---|---|---|---|---|---|
| 1469.474 | 55.627 | 133.293 | 8.3 | 0.25 | 260.689 | 2511.677 |

# SOPAS Y CREMAS

"La sopa se tomaba no solamente a la hora de la comida, sino también en el desayuno, ya que era un alimento muy reconfortante."[5]

"En su origen, la sopa era una rebanada de pan sobre la que se vertía caldo, vino, una salsa o una preparación líquida."[6]

Las sopas son preparaciones que pueden servirse calientes o frías se hacen a base de un fondo o caldo con verduras, legumbres, pescado o diferentes carnes. Pueden ser espesadas mediante harinas, arroz, fécula o pan.

De acuerdo a su preparación se clasifican de la siguiente forma:

- Caldos y consomés: Los caldos resultan de la cocción de verduras que no contengan sabores fuertes. Los consomés por su parte son sopas finas preparadas a partir de un fondo al que se le agregan elementos nutritivos, de sabor, color y que pase por un proceso de clarificación.

- Cremas y veloutés: Son preparaciones cremosas preparadas con carnes y / o verdura, a las que se les añade un espesante. Su principal diferencia es la adición de lácteos en las primeras mientras que las veloutés se complementan con fondo claro.

- Sopas de verduras: Preparadas a base de fondos claros u obscuros enriquecidos por verduras.

- Potajes de legumbres enteras  o cocidos: se preparan a base de legumbres frescas o secas (precocidas) tamizadas o licuadas, a las que se les añade fondo para darles la consistencia adecuada y se enriquecen con otros ingredientes como carnes o verduras.

---

[5] Martínez de Flores, G., González-Garza, M., Torre, C. (2008) *Iniciación en las técnicas culinarias*. México: Limusa.

[6] Larousse Gastronomique. (2011) Larousse. Barcelona.

## SOPA DE CEBOLLA
**(0.500 l)**

### INGREDIENTES

| | |
|---|---|
| Cebolla Blanca | 0.400 kg |
| Mantequilla | 0.010 kg |
| Vino blanco | 0.100 l |
| Fondo de pollo | 2.000 l |
| Ajo | 0.005 kg |
| Tomate guaje | 0.080 kg |
| Sal | 0.001 kg |
| Pimienta blanca molida | 0.001 kg |
| Pan baguette | 4 rebanadas |
| Queso gruyere rayado | 0.040 kg |

### PROCEDIMIENTO

### MISE EN PLACE
- Filetear la cebolla.
- Picar el ajo finamente.
- Preparar concassé de tomate.

### PREPARACIÓN
- Saltear las cebollas en la mantequilla hasta obtener un color café dorado, agregar el ajo.
- Agregar el vino blanco y dejarlo reducir a 2/3 partes.
- Agregar el fondo, jitomate, sal y pimienta.
- Dejar cocer a fuego lento por alrededor de media hora.
- Rectificar sazón con sal y pimienta.
- Para servir se coloca una rebanada de pan con queso gratinado encima de cada porción o bien se coloca el pan y el queso aparte.

| Energía | Proteínas | Lípidos | HC | Fibra | Colesterol | Sodio |
|---|---|---|---|---|---|---|
| 1231.431 | 34.955 | 29.238 | 180.130 | 24.867 | 44 | 1201.85 |

# CREMA DE ESPINACA
(0.500 l)

## INGREDIENTES

|  |  |
|---|---|
| Mantequilla | 0.010 kg |
| Cebolla blanca | 0.025 kg |
| Poro | 0.015 kg |
| Apio | 0.015 kg |
| Brócoli | 0.200 kg |
| Harina de trigo | 0.020 kg |
| Fondo de vegetales | 0.500 l |
| Crema | 0.050 l |
| Leche | 0.050 l |
| Sal | 0.003 kg |
| Pimienta blanca | 0.001 kg |

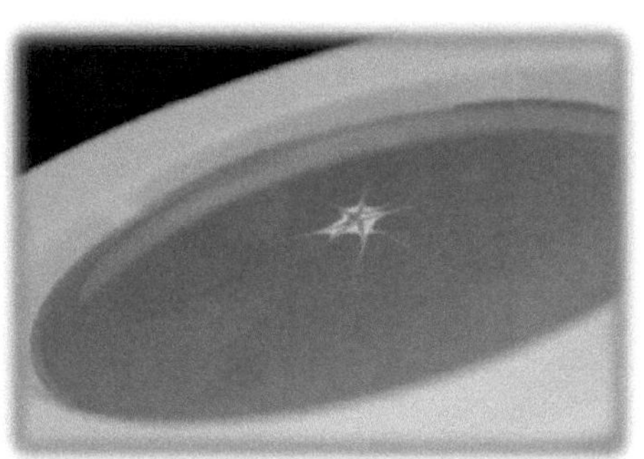

## PROCEDIMIENTO

### MISE EN PLACE
- Lavar y desinfectar el brócoli, cortar los troncos.
- Cortar el poro, apio y cebolla en mire poix.

### PREPARACIÓN
- Acitronar el mire poix en la mantequilla.
- Espolvorear la harina y añadir el poro.
- Añadir el fondo caliente y hervir.
- Quitar la espuma, reducir la flama y cocinar hasta que todo esté cocido.
- Licuar y pasar por un chino.
- Regresar a la cacerola, darle otro hervor e incorporar la crema y la leche calientes fuera del fuego para evitar que la mezcla se corté.
- Sazonar.

| Energía | Proteínas | Lípidos | HC | Fibra | Colesterol | Sodio |
|---|---|---|---|---|---|---|
| 473.852 | 12.205 | 22.910 | 53.602 | 8.8520 | 42.437 | 1207.079 |

## SLURRY
(0.020 l)


## INGREDIENTES

| Fécula de maíz | 0.010 kg |
| Agua purificada | 0.020 l |

## PROCEDIMIENTO

## PREPARACIÓN

- El agua debe estar a temperatura ambiente, mezclarla con la fécula hasta obtener una consistencia cremosa.
- Agregar la mezcla anterior al producto que se desee espesar, llevar a punto de ebullición hasta lograr la consistencia deseada.

| Energía | Proteínas | Lípidos | HC | Fibra | Colesterol | Sodio |
|---|---|---|---|---|---|---|
| 37.666 | 0 | 0 | 9 | 0 | 0 | 0.591 |

## BISQUÉ
### (0.500 l)

### INGREDIENTES

| | |
|---|---|
| Camarón crudo con cáscara | 0.300 kg |
| Fondo de pescado | 0.400 l |
| Puré de tomate | 0.150 kg |
| Vino blanco | 0.125 l |
| Tomate guajillo | 0.150 kg |
| Mire poix rojo | 0.200 kg |
| Ajo | 0.010 kg |
| Mantequilla | 0.040 kg |
| Crema | 0.150 l |
| Coñac | 0.080 l |
| Pimienta cayena | 0.001 kg |

### PROCEDIMIENTO

### MISE EN PLACE

- Pelar y limpiar los camarones, reservar la cáscara.

### PREPARACIÓN

- Saltear el mire poix, el ajo picado y las cáscaras de camarón con cabeza en la mantequilla. Flamear con coñac.
- Incorporar el vino y reducir, agregar el tomate, el puré y el fondo.
- Retirar las cabezas, licuar y colar.
- Incorporar los camarones en trozos y regresar al fuego hasta que estén cocidos.
- Sazonar e incorporar la crema fuera del fuego.

*Nota: si la textura del bisqué no es suficientemente espesa se puede licuar arroz cocido con la mezcla o incorporarle slurry.*

| Energía | Proteínas | Lípidos | HC | Fibra | Colesterol | Sodio |
|---|---|---|---|---|---|---|
| 1643.494 | 73.843 | 75.322 | 118.831 | 17.746 | 567.705 | 471.228 |

# MINESTRONE
## (2.000 l)



### INGREDIENTES

| | |
|---|---|
| Tocino | 0.050 kg |
| Aceite de oliva | 0.030 l |
| Cebolla | 0.100 kg |
| Apio | 0.100 kg |
| Zanahoria | 0.100 kg |
| Pimiento verde | 0.100 kg |
| Col | 0.050 kg |
| Papa | 0.100 kg |
| Ajo | 0.005 kg |
| Tomate guajillo | 0.100 kg |
| Fondo de ave | 2.000 l |
| Garbanzo | 0.050 kg |
| Spaghetti | 0.075 kg |

### PROCEDIMIENTO

### MISE EN PLACE
- Legumbres en paisana.
- Tocino en cubos medianos.

### PREPARACIÓN
- Acitronar el tocino, la cebolla y el ajo, agregar todas las legumbres a excepción del tomate y la papa.
- Deglasear con el fondo y llevar a ebullición, incorporar la papa y una vez cocida agregar el tomate y el spaghetti.
- Cocer todo al dente.
- Sazonar.

| Energía | Proteínas | Lípidos | HC | Fibra | Colesterol | Sodio |
|---|---|---|---|---|---|---|
| 1568.761 | 40.934 | 66.812 | 205.283 | 35.745 | 33.75 | 462.25 |

## CLAM CHOWDER
(1.000 l)

### INGREDIENTES

| | |
|---|---|
| Almejas | 0.500 kg |
| Tocino | 0.125 kg |
| Cebolla | 0.200 kg |
| Papa | 0.250 kg |
| Apio | 0.080 kg |
| Ajo | 0.010 kg |
| Harina | 0.090 kg |
| Leche | 0.700 l |
| Vino blanco | 0.250 l |
| Pimienta negra molida | 0.002 kg |
| Tomillo | 0.005 kg |
| Laurel | 0.005 kg |
| Perejil | 0.010 kg |

### PROCEDIMIENTO

### MISE EN PLACE

- Abrir las almejas con agua caliente para limpiarlas, por segunda vez se pasan por agua caliente y se conserva el agua retirando todo rastro de arena.
- Cortar las cebollas, el apio, la papa y el tocino en jardinera.
- Picar el ajo.

### PREPARACIÓN

- Poner a fuego medio el tocino, agregar la cebolla y el ajo, acitronar.
- Agregar la harina y disolver completamente, agregar el vino, la leche y un poco de agua de cocción de almeja.
- Agregar el apio y la papa.
- Sazonar y agregar el laurel y el tomillo, dejar a fuego medio.
- Agregar las almejas cortadas en pequeños trozos.
- Dejar en el fuego hasta que la papa esté cocida.
- Colar, sazonar y servir con el perejil picado al final.

| Energía | Proteínas | Lípidos | HC | Fibra | Colesterol | Sodio |
|---|---|---|---|---|---|---|
| 2536.298 | 116.040 | 103.085 | 220.709 | 13.465 | 349.856 | 1502.925 |

## GUMBO DE MARISCOS
## (1.000 l)

### INGREDIENTES

| | |
|---|---|
| Apio | 0.100 kg |
| Pimiento verde | 0.100 kg |
| Cebolla | 0.200 kg |
| Ajo | 0.020 kg |
| Fondo de pescado | 1.000 l |
| Camarón | 0.150 kg |
| Mero | 0.150 kg |
| Tenazas de cangrejo | 0.200 kg |
| Sal | 0.003 kg |
| Arroz blanco cocido | 0.100 kg |
| Okra | 0.100 kg |
| Orégano seco | 0.005 kg |

### PROCEDIMIENTO

### MISE EN PLACE
- Limpiar, filetear y cortar en cuadros el mero.
- Cortar en jardinera el pimiento, el apio y la cebolla,  picar el ajo, cortar la okra en rebanadas.
- Limpiar los camarones.

### PREPARACIÓN
- Acitronar la cebolla y el ajo.
- Agregar el apio, el pimiento y la okra.
- Incorporar el fondo de pescado.
- Agregar el mero, el camarón y las tenazas de cangrejo, dejar cocer a fuego medio.
- Incorporar el arroz para un último hervor.
- Sazonar y servir con orégano seco.

| Energía | Proteínas | Lípidos | HC | Fibra | Colesterol | Sodio |
|---|---|---|---|---|---|---|
| 1043.103 | 113.438 | 13.244 | 118.923 | 18.803 | 382.738 | 2444.297 |

# OTRAS PREPARACIONES

MANTEQUILLA COMPUESTA (DE ALBAHACA)
(0.200 kg)

## INGREDIENTES

| | |
|---|---|
| Mantequilla sin sal | 0.200 kg |
| Albahaca | 0.030 kg |
| Sal | 0.002 kg |
| Pimienta | 0.001 kg |
| Pan baguette | 1.000 pza |
| | |
| Papel encerado | 0.050 m |

## PROCEDIMIENTO

### MISE EN PLACE

- Moler la albahaca o picarla muy finamente.
- Hacer croutones con el baguette (cortar el pan en rebanadas no mayores a 2 centímetros y hornear hasta que el pan esté tostado)

### PREPARACIÓN

- Incorporar la albahaca a la mantequilla hasta lograr una pasta homogénea. Sazonar con sal y pimienta.
- Colocar en el papel encerado para hacer cilindros u otra forma al gusto.
- Refrigerar y esperar hasta que la mantequilla endurezca
- Untar un poco de la mantequilla en los croutones y servir.

Nota: se puede emplear cualquier otro ingrediente para las mantequillas compuestas (mostaza, almendras, nueces, cilantro, pimiento, etc.).

| Energía | Proteínas | Lípidos | HC | Fibra | Colesterol | Sodio |
|---|---|---|---|---|---|---|
| 1777.5 | 10.507 | 178.568 | 38.964 | 1.111 | 0 | 1065.5 |

# PURÉ PARMENTIER
(0.500 kg)

## INGREDIENTES

| | |
|---|---|
| Mantequilla | 0.050 kg |
| Cebolla blanca | 0.050 kg |
| Poro | 0.025 kg |
| Apio | 0.025 kg |
| Papa blanca | 0.400 kg |
| Tocino en trozo | 0.030 kg |
| Fondo de vegetales | 1.000 l |
| Mejorana | 0.004 kg |
| Sal | 0.003 kg |
| Pimienta blanca  en polvo | 0.002 kg |
| Crema | 0.050 l |
| Pan blanco de caja | 2 rebanadas |

## PROCEDIMIENTO

### MISE EN PLACE

- Cortar la cebolla, el poro y el apio en mire poix.
- Lavar, pelar y cortar en cubos irregulares las papas. Cortar el tocino en cubos irregulares.

### PREPARACIÓN

- Acitronar el mire poix en mantequilla en una cacerola profunda.
- Agregar las papas y el tocino.
- Verter el fondo caliente y sazonar.
- Hervir y retirar la espuma.
- Agregar la mejorana y  cocinar lentamente.
- Sacar el tocino.
- Licuar.
- Regresar a la cacerola, afinar con crema y mantener a fuego medio mientras se sazona con sal y pimienta.
- Preparar croutones: quitar las orillas al pan, cortar en cuadros regulares y dorar en la mantequilla clarificada.

- Servir.

| Energía | Proteínas | Lípidos | HC | Fibra | Colesterol | Sodio |
|---------|-----------|---------|--------|--------|------------|----------|
| 1327.561 | 20.256 | 76.196 | 141.497 | 18.390 | 55.916 | 1737.792 |

## PURÉ TRADICIONAL DE PAPA
(0.500 kg)

### INGREDIENTES

| | |
|---|---|
| Papa Blanca | 0.400 kg |
| Mantequilla | 0.040 kg |
| Crema de leche | 0.080 l |
| Sal | 0.002 kg |
| Pimienta blanca molida | 0.002 kg |

### PROCEDIMIENTO

### PREPARACIÓN

- En una cacerola con agua fría cocer la papa pelada y en trozos.
- Pasar las papas por un chino.
- Derretir la mantequilla y agregarla al puré anterior.
- Añadir la crema poco a poco para ligar.
- Sazonar.

| Energía | Proteínas | Lípidos | HC | Fibra | Colesterol | Sodio |
|---|---|---|---|---|---|---|
| 749.809 | 10.009 | 51.333 | 66.923 | 9.523 | 52.952 | 835 |

# RELISH DE MANGO
**(0.300 kg)**

## INGREDIENTES

| | |
|---|---|
| Mango manila | 0.300 kg |
| Cebolla morada | 0.050 kg |
| Tomate guajillo | 0.080 kg |
| Cilantro | 0.008 kg |
| Chile jalapeño | 0.010 kg |
| Aceite de oliva | 0.010 l |
| Jugo de limón | 0.008 l |
| Azúcar | 0.005 kg |
| Sal | 0.002 kg |

## PROCEDIMIENTO

### MISE EN PLACE
- Cortar el mango en jardinera.
- Picar la cebolla y el chile.
- Preparar concassé con el tomate.
- Picar el cilantro.

### PREPARACIÓN
- Acitronar la cebolla en el aceite, agregar el tomate, el chile y el mango al final con el jugo de limón, saltear por unos minutos.
- Sazonar con azúcar y sal.
- Agregar el cilantro para finalizar.

| Energía | Proteínas | Lípidos | HC | Fibra | Colesterol | Sodio |
|---|---|---|---|---|---|---|
| 274.533 | 4.003 | 10.329 | 47.228 | 5.407 | 0 | 775.218 |

## CHUTNEY DE MANGO
### (0.300 kg)

### INGREDIENTES

| | |
|---|---|
| Mango manila | 0.300 kg |
| Agua purificada | 0.0100 l |
| Ajo | 0.005 kg |
| Jengibre | 0.005 kg |
| Vinagre de manzana | 0.008 l |
| Jugo de limón | 0.008 l |
| Azúcar | 0.008 kg |
| Sal | 0.004 kg |
| Paprika | 0.004 kg |
| Cilantro en polvo | 0.003 kg |

### PROCEDIMIENTO

### MISE EN PLACE
- Cortar el mango en jardinera.
- Picar finamente el ajo y el jengibre.

### PREPARACIÓN
- Colocar el agua en una cacerola y calentar a fuego lento, agregar el mango, el ajo y el jengibre.
- Agregar vinagre, limón, azúcar, paprika, cilantro y sal, dejar a fuego lento hasta que la mezcla espese.
- Rectificar sazón.

Nota: *Chutney proviene del término "chatni" del este de la India, cuyo significado es "muy condimentado".*

| Energía | Proteínas | Lípidos | HC | Fibra | Colesterol | Sodio |
|---|---|---|---|---|---|---|
| 187.182 | 3.516 | 0.707 | 47.344 | 3.393 | 0 | 1555.843 |

## PICO DE GALLO
**(0.300 kg)**

### INGREDIENTES

| | |
|---|---|
| Tomate guajillo | 0.250 kg |
| Cebolla | 0.070 kg |
| Cilantro fresco | 0.020 kg |
| Jugo de limón | 0.020 l |
| Sal | 0.003 kg |
| Pimienta blanca | 0.002 kg |

### PROCEDIMIENTO

### MISE EN PLACE
- Preparar concassé con el jitomate.
- Picar la cebolla y el cilantro.

### PREPARACIÓN
- Mezclar todos los ingredientes.
- Rectificar sazón.

| Energía | Proteínas | Lípidos | HC | Fibra | Colesterol | Sodio |
|---|---|---|---|---|---|---|
| 141.642 | 5.818 | 0.563 | 30.833 | 12.704 | 0 | 1200.045 |

## POTAJE
(0.500l)

### INGREDIENTES

| | |
|---|---|
| Mantequilla | 0.010 kg |
| Cebolla | 0.020 kg |
| Poro | 0.020 kg |
| Apio | 0.020 kg |
| Tocino | 0.015 kg |
| Chícharo | 0.100 kg |
| Papa | 0.050 kg |
| Fondo de ave | 0.300 l |
| Sal | 0.003 |
| Pimienta blanca en polvo | 0.002 kg |
| Pan blanco de caja | 2.000 pzas |
| Crema | 0.100 l |

### PROCEDIMIENTO

### MISE EN PLACE
- Cortar en trozos pequeños las verduras.

### PREPARACIÓN
- Acitronar la cebolla, el ajo, el apio y el poro.
- Agregar la papa y el tocino entero.
- Verter el fondo, agregar los chícharos y llevar a ebullición.
- Retirar el tocino y licuar.
- Sazonar, hervir e incorporar crema en caso de ser necesario.
- Servir con croutones: en una charola colocar cuadros de pan blanco con mantequilla, tostar hasta lograr un color uniforme.

| Energía | Proteínas | Lípidos | HC | Fibra | Colesterol | Sodio |
|---|---|---|---|---|---|---|
| 804.966 | 15.903 | 41.441 | 83.181 | 5.405 | 81.458 | 1586.422 |

# BIBLIOGRAFÍA


Braun, L. (2009). The Competent cook. Adams media. Estados Unidos.

Labensky, S. & Hause, A. (2010) On Cooking: A Textbook of Culinary Fundamentals. 5º edición. Pearson, Prentice Hall.

Larousse Gastronomique. (2011) Larousse. Barcelona.

Maincent, M. (2007) La cocina de Referencia. Técnicas y preparaciones base. México: Limusa.

Martínez de Flores, G. González-Garza, M. & Torre, C. (2008) Iniciación en las técnicas culinarias. México: Limusa.

Pérez, A. Palacios, B. & Castro, A. (2008) Sistema Mexicano de Alimentos equivalentes. Fomento de Nutrición y Salud AC. 3ª ed

The Reader's Digest  Association. (1980). Secretos de la buena cocina. México: Impresora y Editora Mexicana SA.

Wright, J. (2008)."Guía completa de las técnicas culinarias", Art Blume. Barcelona.

Este libro se terminó de editar en julio de 2014 en la Ciudad de Puebla,
Puebla. México

Printed by Books on Demand GmbH, Norderstedt / Germany